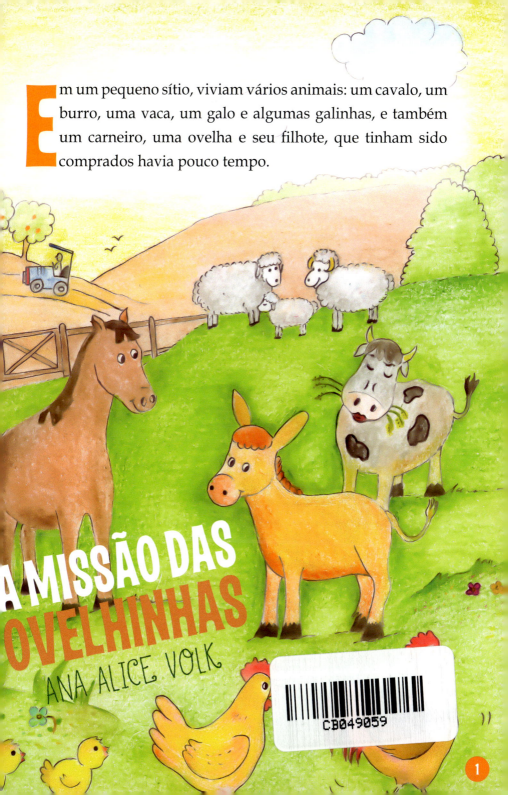

Em um pequeno sítio, viviam vários animais: um cavalo, um burro, uma vaca, um galo e algumas galinhas, e também um carneiro, uma ovelha e seu filhote, que tinham sido comprados havia pouco tempo.

A MISSÃO DAS OVELHINHAS
ANA ALICE VOLK

SEU JOSÉ, dono do sítio, cuidava muito bem de seus animais. Ele sabia que cada um era muito importante para o sustento de sua família.

OS ANIMAIS CONVERSAVAM ENTRE ELES. Cada novidade, lá no sítio, já era motivo para muitos comentários e eles acabavam, quase sempre, falando da vida dos outros. Somente os carneiros não entravam nessas conversas.

CADA UM SE JULGAVA MELHOR QUE O OUTRO:

– Só nós pomos ovos! – dizia uma das galinhas.
– Ora, sem meu leite as crianças passariam fome – retrucava a vaca.

– Se não fosse eu – falava o cavalo –, nosso dono teria de andar a pé.
– Bem – dizia o burro, levantando as orelhas –, se eu não puxar o arado aqui, ninguém come!

Olhando para os carneiros, o burro completava:
– Piores são os carneiros, que não servem para nada! Só comem o dia todo, não põe ovos, não dão leite, não cantam e também não trabalham!
– Eta família folgada! – dizia a vaca.

UM DIA, o carneirinho ouviu o que diziam de sua família. Muito triste, foi para perto de sua mãe e perguntou:
– Mamãe, nós, os carneiros, não servimos para nada?

CARINHOSAMENTE, SUA MÃE RESPONDEU:
– Filho, Deus criou a Terra, o Sol, a água, as plantas, os homens, os animais. Tudo foi feito de uma forma tão perfeita, que não existe nada no mundo que não tenha o seu valor. Todos precisamos uns dos outros.

NESTE MOMENTO, o burro, que era muito curioso, já estava ali, com as orelhas em pé, escutando a conversa, e ouviu o carneirinho dizendo:
– Mamãe, que nós dependemos da água, das plantas, do Sol, eu já sei. Eu só não sei para que servem os carneiros. Eu não quero ser um inútil!

Quando sua mãe ia explicar, chegou seu José. Ele pegou o carneiro e a ovelha e levou-os para o galpão que ficava ali perto. O carneirinho ficou aos berros. Desesperado, ele gritava:

– MAMÃE! PAPAI! VOLTEM! VOLTEM!

TODOS OS ANIMAIS FICARAM OLHANDO. Então, o cavalo falou:
– Bem que o burro disse que eles eram inúteis... Devem ter sido vendidos...
– Não fale assim perto do filhote, coitadinho... certamente terá o mesmo fim... – disse a vaca.
O burro, que tinha ouvido a conversa entre a mãe e o filhote, falou:
– Não sei, não, acho que nós estamos errados. Eu ouvi uma conversa que me deixou curioso. É melhor esperar para ver o que acontece.

DEPOIS DE ALGUM TEMPO, o carneirinho ainda chorava, chamando por seus pais.
De repente, a porta do galpão se abriu.
Todos os animais olharam para ver o que tinha acontecido.
De lá de dentro, saíram o carneiro e a ovelha, totalmente pelados. Magros, sem seus pelos, foram imediatamente para perto do filhote.

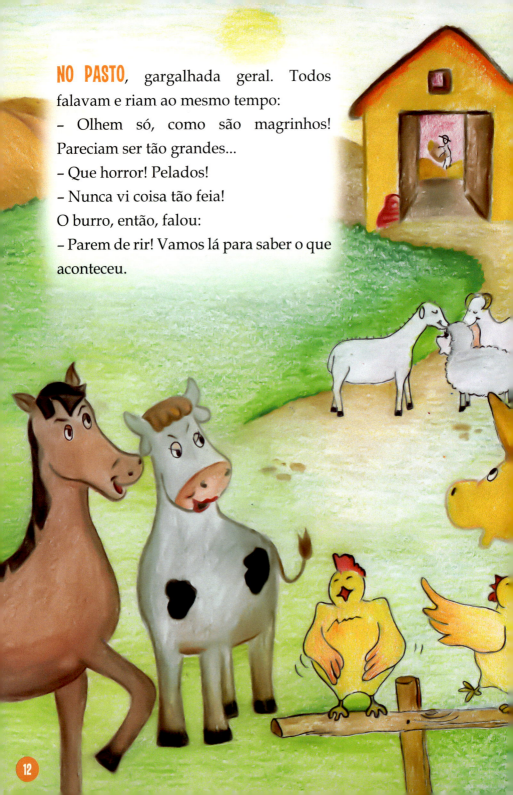

NO PASTO, gargalhada geral. Todos falavam e riam ao mesmo tempo:
– Olhem só, como são magrinhos! Pareciam ser tão grandes...
– Que horror! Pelados!
– Nunca vi coisa tão feia!
O burro, então, falou:
– Parem de rir! Vamos lá para saber o que aconteceu.

O CARNEIRINHO, ASSUSTADO, NÃO PARAVA DE PERGUNTAR:

– O que foi isso? Por que vocês estão assim? Cadê o seu pelo fofinho, mamãe? Papai, você não está com frio?
– Calma, meu filho – disse a mãe. – Nós estamos bem. Pare de chorar, que eu vou lhe contar tudo.

OUVINDO ISSO, os animais, que já estavam perto, ficaram quietos para ouvir, pois também queriam saber por que os dois estavam sem pelos.
– Filho – disse a mãe –, nós, os carneiros, também temos utilidade. Damos a nossa lã e é com ela que os homens fazem agasalhos e cobertores que os protegem do frio.

MUITO FELIZ, O CARNEIRINHO FALOU:

– Então, nós também somos úteis!
– Claro, meu filho! Nosso pelo vai crescer novamente e será cortado muitas vezes e, assim, estaremos sempre sento úteis.
– Mamãe, nós somos mais importantes que os outros?
– Não, meu filho. Somos todos filhos de Deus. Cada um de nós é muito importante no ciclo da vida.

OS OUTROS ANIMAIS perceberam o quanto estavam errados. Entenderam que cada um tem a sua utilidade e que tudo na natureza tem muito valor. Pediram desculpas ao carneiro e à ovelha e, daquele dia em diante, passaram a se respeitar e viveram muito felizes.